STITCH VAI TE CONQUISTAR, UM 'ALOHA' PARA VOCÊ!

© Disney

OHANA SIGNIFICA FAMÍLIA, FAMÍLIA SIGNIFICA NUNCA ABANDONAR OU ESQUECER.

© Disney

NADA COMO UM BOM ABRAÇO PARA MELHORAR O DIA!

© Disney

STITCH ADORA DIVERSÃO...
E SANDUÍCHES DE MANTEIGA DE AMENDOIM!

© Disney

ÀS VEZES, ATÉ MESMO STITCH E ANGEL PRECISAM DE UMA PAUSA PARA REFLETIR... OU PARA COMER BISCOITOS!

© Disney

**QUANDO TUDO MAIS FALHA,
EXPERIMENTE FALAR 'ALOHA'!**

© Disney

PARA STITCH, CADA DIA É UMA NOVA AVENTURA ESPERANDO PARA ACONTECER!

© Disney

**UM ABRAÇO PODE CONSERTAR ATÉ MESMO
OS CORAÇÕES MAIS QUEBRADOS.**

© Disney

QUE TAL ME ABRAÇAR?

© Disney

NADA PODE DETER O PODER DO AMOR VERDADEIRO E PURO.

© Disney

PREPARE-SE PARA UM MONTE DE TRAVESSURAS, PORQUE STITCH ESTÁ A BORDO!

CUIDADO COM O ABRAÇO DE URSO...
OU MELHOR, DE ALIENÍGENA!

O AMOR É A LINGUAGEM UNIVERSAL
QUE TODOS PODEMOS ENTENDER.

© Disney

LEMBRE-SE, COM STITCH POR PERTO, A MONOTONIA NUNCA É UMA OPÇÃO!

© Disney